40

ÉCONOMAT GÉNÉRAL

DES

INSTITUTIONS DE PARIS

PROJET

1845

MONSIEUR ET CHER CONFRÈRE,

Je vous adresse un projet d'économie domestique que j'ai conçu en faveur de tous les chefs d'institution et de tous les maîtres de pension de Paris, afin que vous puissiez en prendre connaissance, avant d'en entendre la discussion générale, qui doit avoir lieu dans l'une des réunions de votre syndicat, comme j'en ai fait la demande à votre président.

Ce projet étant de la plus haute importance pour vous tous en général et pour chacun de vous en particulier, je vous prie, Monsieur, de vouloir bien l'examiner attentivement, et, s'il ne vous sourit pas du premier abord, d'avoir la bonté de m'adresser les objections que vous auriez à me faire et que je n'aurais pas prévues, afin que je puisse y répondre d'une manière péremptoire. Si, au contraire, vous en sentiez de suite toute l'importance, persuadez-vous bien qu'avec de l'union, de la bonne volonté et de bons statuts, ce projet n'est pas difficile à mettre à exécution, et que toutes les difficultés de forme s'aplaniront facilement avec le simple bon vouloir de chacun.

Comme je ne veux rien faire qui ressemble à de l'intrigue, et que vous savez comme moi que l'homme n'entreprend rien sérieusement sans en espérer une récompense quelconque, je vous dirai franchement celle que j'attends pour moi-même de ce projet, dans la cas où il serait mis à exécution.

Une administration serait formée et un directeur serait l'agent principal de cette administration : c'est cet emploi que je réclame.

J'ai cru qu'un directeur, pour avoir le crédit nécessaire et la liberté d'agir, avait besoin de 10,000 fr. de cautionnement ; c'est pour cela que je me suis proposé de les offrir à l'association comme garantie, du moment où elle m'emploierait comme directeur.

Ma tâche serait sans doute difficile à remplir, mais j'espère néanmoins que je m'en acquitterais facilement avec l'activité et le zèle que j'y mettrais. Je ne négligerais aucun avis salutaire ; aucune démarche ne me coûterait, pour peu qu'elle fût avantageuse pour la Société et pour moi. D'ailleurs, mes intérêts seraient tellement liés avec la Société, que je ne pourrais manquer de chercher les siens tout en cherchant les miens, puisque je lui rendrais compte de tout et qu'elle vérifierait toutes mes opérations.

Une pareille association ne pourra que faire honneur à l'enseignement privé de la capitale, parce qu'elle deviendra son égide contre tout revers, de même que l'Université est l'égide des collèges royaux.

Soyez donc bien persuadé que mon projet ne peut avoir pour ennemis que des gens qui se croiront intéressés à ce qu'il n'ait pas lieu. Je me contente de vous faire ici ce simple raisonnement, dont vous sentirez toute la force, j'en suis sûr, sans qu'il soit nécessaire de vous désigner qui que ce soit, même d'une manière générale.

Je n'ai point la prétention, dans l'exemple que j'ai donné, d'être tout-à-fait conforme à la réalité ; vous pouvez donc là-dessus me faire toutes les observations que vous jugerez convenables, je vous en saurai gré et j'en ferai mon profit. Toutefois, je suis prêt à prouver par des faits tout ce que j'ai avancé, et il n'y a pas de fourniture que je ne puisse faire aussitôt qu'on le désirera, conformément à ce que j'ai énoncé dans mon Projet.

Quant à l'hypothèse d'une ferme, on m'en offre une que je puis indiquer, et qui présenterait de grands avantages sous tous les rapports. Je puis donc donner là-dessus tous les renseignements qu'on me demandera, pour amplification de l'article 3 de mon projet.

J. H. HAREAU,

Maître de pension.

PROJET.

Pour qu'une maison d'éducation mérite à juste titre l'estime du public, il ne suffit pas que les études y soient dirigées avec adresse, zèle et persévérance, il faut encore que l'administration matérielle y soit basée sur cette sage économie qui conduit toujours à l'aisance et qui ne laisse pas d'être une garantie pour les familles.

En effet, il n'est point de bonne institution dans Paris, où l'on ne trouve ce double avantage; et les chefs de ces maisons, nous aimons à le croire, sont aussi prudents qu'éclairés. Ils n'ont donc point à craindre ce qu'auraient dû redouter tant d'excellents maîtres qu'on a souvent vus se retirer sans fortune, après avoir dirigé des établissements nombreux et prospères en apparence, mais dans lesquels ils s'étaient toujours beaucoup plus occupés de l'éducation et de la bonne tenue extérieure, que de leurs intérêts matériels.

Cependant, la haute mission de l'éducation des jeunes gens ne nous permettant pas de considérer nos établissements précisément comme des maisons de rapport, mais bien comme des institutions libérales, plus morales et scientifiques que commerciales, l'art de retirer tout le bénéfice possible de nos établissements, il faut en convenir, est loin d'atteindre à sa perfection; et je mets en fait que personne ne s'en est encore occupé jusqu'à ce jour, en théorie générale. Si même j'appelais cela un art, en présence de certaines personnes, je suis sûr qu'elles me diraient : Comment osez-vous donner le nom d'art à ce que l'on n'a jamais appelé que de l'ordre, et ériger en théorie les soins d'approvisionnement d'une pension? Ne craignez-vous pas qu'on vous traite de spéculateur, de marchand de science? A cela je répondrai qu'un père de famille qui met son fils en pension ne s'inquiète guère, en effet, si le maître auquel il confie son enfant tire tout le profit possible de sa maison, cela ne le regarde pas; mais il apprendra toujours avec plaisir qu'une maison a de l'ordre et qu'elle possède un moyen infaillible de réussir. Aussi n'irai-je pas prôner mon moyen aux gens du monde qui n'en ont que faire, mais je l'exposerai à tous ceux qu'il intéresse, c'est-à-dire à tous les chefs d'institution de la capitale, et je les engagerai à s'associer pour suivre mon projet de point en point.

Bien des gens me diront aussi : Vous tombez alors dans l'esprit d'association, et cet esprit est tellement décrié en France aujourd'hui, que l'on ne saurait s'y livrer sans passer pour un charlatan.

Peu m'importent les préjugés qui sont répandus en France, pourvu que je les reconnaisse pour tels : ils ne m'arrêteront jamais dans une mesure d'une haute importance.

Voici donc en quoi consiste le moyen que je propose : Il s'agit de faire une association générale entre les chefs des institutions les plus considérables de Paris (dix je suppose), pour tout ce qui concerne les provisions de bouche. Le chef de chaque maison pourrait désormais se reposer des soins minutieux et pénibles de l'approvisionnement, sur une sage et vigilante administration dont il ferait partie lui-même, et qui n'exigerait de lui que deux ou trois heures par semaine en assemblée générale, avec quelques minutes le soir pour faire ses bons du lendemain, et quelques autres minutes le matin pour reconnaître qu'on lui envoie bien la qualité et la quantité qu'il a demandées, et signer ensuite la feuille du pourvoyeur.

De ce mode d'approvisionnement, il résulterait un bénéfice d'au moins 10 p. 0/0 sur la dépense annuelle de chaque maison dans l'état actuel des choses, et suivant le meilleur mode d'économie actuellement possible.

C'est ce que nous allons nous efforcer de prouver.

D'abord, il est facile de comprendre qu'une association bien formée et bien suivie offrira toujours de grands avantages, puisqu'elle cumulera des capitaux, tout en cumulant une grande consommation. De quelle importance ne serait donc pas notre projet, si chaque chef de maison y trouvait un moyen aussi infaillible d'économie que s'il s'occupait uniquement lui-même des subsistances, et qu'en outre ce moyen n'exigeât de lui qu'un simple coup-d'œil par jour pour reconnaître la quantité et la qualité des vivres.

Notre association serait basée sur des statuts qui mettraient chaque sociétaire à l'abri de toute duperie, de toute félonie, de toute dilapidation, même de toute négligence.

Mais c'est ici qu'on me fera une foule d'objections; je m'y suis attendu. On dira que chaque maître de pension veut avoir sa manière d'approvisionner sa maison, parce que, tout en voulant n'acheter que des substances de bonne qualité, pour que la nourriture soit excellente chez lui, il veut encore le faire par lui-même et suivant ses principes d'hygiène (plût à Dieu qu'il ne fût jamais obligé de le faire suivant ses intérêts pécuniaires). A ces objections je répondrai que si certaines maisons ne se soucient pas que l'on sache ce qu'elles dépensent ni ce qu'on y sert, c'est sans doute parce qu'elles craignent qu'on ne trouve quelque chose de blâmable à leur manière d'agir, et alors elles n'entreraient pas dans notre association, et nous le verrions sans peine.

Vainement me dira-t-on qu'on ne laisse pas de tenir aux fournisseurs d'une maison pour avoir leurs enfants, car les maisons en question ne tiendront pas à quelques élèves, s'il faut s'exposer à les perdre pour un plus grand intérêt.

On m'objectera aussi la difficulté qu'il y a de s'entendre, même pour les meilleures maisons de Paris.

D'abord nous ne parlerons point des obstacles qui pourraient naître de cette basse jalousie d'état qui peut exister encore entre quelques maîtres de pension. Je suis persuadé que tous les chefs d'institution de Paris, surtout ceux dont nous parlons, sont au-dessus de toutes ces petites misères.

Mettons donc de côté nos répugnances et nos antipathies si nous en avons, et bannissons tous nos motifs d'éloignement, lorsqu'un grand intérêt administratif nous le commande. J'ose donc espérer que tous les obstacbles disparaîtront, lorsque les chefs d'institutions auront compris que mon projet est tout-à-fait favorable à chacun d'eux et ne peut blesser en rien les susceptibilités de concurrence.

On s'est réuni pour demander l'abolition de l'impôt universitaire; on se réunirait encore pour tout autre grand intérêt général. Pourquoi ne se réunirait-on pas pour une entreprise d'un intérêt journalier?

Cette réunion serait d'autant plus facile, qu'elle n'aurait aucun caractère politique, et qu'elle serait même étrangère à l'enseignement, puisque ce serait une espèce d'association de famille pour le bien-être de chacun : car il ne s'agit point ici de demander à mes confrères de Paris qu'ils donnent toutes leurs pratiques à une société de fournisseurs, qui s'organiserait de manière à les fournir à bon marché, ou même à les fournir par adjudication, comme dans les hôpitaux. Non, ce genre de fournitures ne saurait convenir à nos maisons, parce qu'elles exigent, selon moi, une nourriture tellement choisie, tellement au-dessus de celle que peuvent donner des adjudicataires, que nous ne devons jamais chercher ce mode d'approvisionnement, qui pourrait nous forcer à laisser des fournisseurs spéculer sur la qualité ou sur la quantité des vivres de nos élèves.

Ne mettons-nous pas sur nos prospectus que la nourriture est *saine* et *abondante?* il est bien naturel que nous soyons conséquents, nous qui devons être des modèles de probité et de moralité; mais il ne l'est pas moins que nous cherchions à faire le plus de bénéfice possible, sans diminuer ni même altérer le moins du monde la qualité ou la quantité des aliments.

Pour atteindre ce but, il faut apporter un soin particulier à savoir acheter ainsi qu'à faire des provisions en temps opportun et à les conserver par une surveillance constante. Or, je dis qu'un chef d'institution de Paris ne peut pas toujours acheter avantageusement, et qu'il ne peut pas faire toutes ses provisions comme il le désirerait, et cela :

1° Parce qu'il n'a pas le temps d'aller acheter les substances dans le temps et dans le lieu où elles se récoltent ou bien se vendent à bon marché ;

2° Parce qu'il n'a ordinairement pas assez d'espace pour serrer beaucoup de provisions, ni assez de monde pour les soigner ;

3° Parce qu'il craint que ses employés n'en disposent abusivement, ou ne les laissent endommager ; deux inconvénients qu'il n'est guère possible d'éviter tout-à-fait.

Or voilà précisément en quoi consiste l'excellence de l'expédient que je propose : c'est qu'après que nous nous serons formés en société par une mise de fonds et des statuts qui seront déterminés et arrêtés en commun, celui qui sera chargé d'acheter, le sera aussi de conserver et de faire les distributions journalières, c'est-à-dire d'envoyer régulièrement au domicile de chaque sociétaire tout ce qu'il a demandé la veille, et de recevoir sa demande pour le lendemain.

Maintenant on me fera deux questions qui sont bien naturelles. Dans la première on me demandera de quelle manière on doit procéder pour constituer la société et pour en organiser le matériel. Dans la seconde, on me demandera si toutes les substances nécessaires dans une institution seront fournies par la société, ou s'il ne conviendrait pas d'en excepter quelques-unes, telles que le bois, le pain, le vin, et même peut-être la viande.

A la première question je répondrai à l'article *Organisation*.

A la seconde, je dirai que s'il y a avantage à acheter en grande quantité quelque fourniture que ce soit, même le bois, les farines, la viande et les vins, il y aura évidemment un grand avantage de faire fournir ces choses par l'association.

En vain me dirait-on qu'une maison est assez nombreuse et assez riche pour avoir tout aussi bon marché que nous. Je suppose même qu'une institution eût six cents bouches à nourrir, mon projet lui offrirait encore de grands avantages sur ses économies actuellement possibles :

1° Sous le rapport de la viande; car, quelque remise que fasse un boucher, il aura toujours soin de réserver 10 ou 12 p. 0/0, et je ne sache pas qu'une seule maison puisse faire faire la boucherie chez elle par un employé;

2° Pour le pain, si cette maison n'a pas un boulanger chez elle, un fournisseur ordinaire lui fera bien des remises, mais il se réservera aussi 10 p. 0/0, et il lui fera subir la hausse et la baisse, au lieu que dans mon hypothèse on peut acheter pour six mois dans un moment de baisse, sans avoir pour cela besoin de rien débourser;

3° Pour le bois, le vin, l'épicerie, la charcuterie, les légumes, etc., je veux bien qu'une forte maison ait beaucoup plus de bénéfices que les autres, surtout lorsqu'elle a un bon économe et toujours de l'argent à sa disposition, mais il n'en est pas moins vrai que nous aurions encore un beau bénéfice sur elle par nos immenses provisions et par les soins incessants de toute une administration qui pourrait toujours faire plus que le meilleur économe du monde, parce qu'après tout un économe ne peut pas être universel, et qu'il a toujours encore d'autres occupations que celle des vivres.

Donnons maintenant un aperçu de notre administration.

ORGANISATION.

ARTICLE PREMIER.

MISE DE FONDS.

J'avais d'abord pensé que la mise de fonds devait être uniforme pour tous les sociétaires, mais la réflexion m'a fait trouver un autre moyen qui me semble plus ingénieux et plus naturel. Ce serait de baser cette mise sur la dépense annuelle de chacun, dépense présumée et que chacun énoncera à sa volonté.

Nous avons annoncé que le *minimum* du bénéfice serait de 10 p. 0/0 ; donnons donc, pour le prouver, un exemple de dix sociétaires, que nous supposons dépenser annuellement les sommes suivantes, dans la proportion de leurs maisons :

1er sociétaire dépense, terme moyen......	135,000 fr.
2e	135,000
3e	135,000
4e	112,500
5e	112,500
6e	112,500
7e	90,000
8e	45,000
9e	45,000
10e	45,000
Total des dépenses..............	967,500
Dix pour cent de cette somme.....	96,750

Dans cet exemple, la mise de fonds générale serait donc de 96,750 fr., c'est-à-dire que la caisse générale serait créditée de cette somme, mais cette mise ne serait qu'en théorie, et on en disposerait qu'à fur et à mesure des besoins qui surviendraient.

ACHAT DU MATÉRIEL.

Quatre chevaux et quatre voitures avec harnais. . 4,000 fr.

Ameublement d'un bureau d'administration et d'une salle de réunion. 2,000

Location pour un an d'un vaste local. 4,000

Ameublement de ce local, en y comprenant l'outillage nécessaire pour chaque profession des employés. 6,000

Total. 16,000

Ce vaste local serait divisé en quatre cours, dont une pour la boucherie et la charcuterie ; une pour la manutention du pain, pour le bois et le charbon ; une pour les légumes secs et les denrées coloniales ; et enfin une quatrième pour les fruits, les légumes et tous les articles d'épicerie, etc.

Voir s'il serait bon de louer une ferme, pour en retirer des produits directs tels que :

Le lait, qu'on ferait venir tous les jours et distribuer à chaque maison en quelques heures ;

Les œufs frais, idem. ;

Les légumes même, si l'on y trouvait de l'avantage ;

Un grand assortiment de volailles que l'on engraisserait, et qui seraient distribuées également vivantes ou mortes, plus ou moins grasses, suivant les besoins ;

Une assez grande quantité de porcs seraient élevés et engraissés, pour subvenir à tous les besoins de la société, et mettrait le jambon et les autres parties les plus chères du porc au même prix que le lard ordinaire, c'est-à-dire à 35 centimes le demi-kilogramme, qui est le prix de revient du fermier.

On y récolterait également toutes les pommes de terres nécessaires à la consommation d'une année, en variant la semence.

ARTICLE 4.

SÉANCES.

Régler les séances, etc.

Elles devraient être, à mon avis, particulières et générales :

Particulières tous les huit jours, le samedi par exemple, pour vérifier tout ce qui aurait été fait dans la semaine, et régler ce qui devrait être fait pour la semaine suivante;

Générales tous les mois, pour payer les fournisseurs, régler les comptes du directeur, et lui remettre l'argent nécessaire pour payer ses employés, etc.

Il y aurait un président, par lequel seraient signés tous les bordereaux et les comptes de la caisse.

ARTICLE 5.

ACHAT DES PROVISIONS ET MODE DE PAIEMENT (1).

Il y aurait deux modes d'achat, et par conséquent deux modes de paiement :

1° Achat au dehors de certaines denrées, que le directeur ferait déposer dans le magasin général, et qui ne seraient aux frais de la

---

(1) La pâtisserie et les drogues pharmaceutiques seraient les seules substances dont l'administration ne se chargerait point.

société que lorsqu'elle les aurait acceptées ; alors le directeur serait tenu, en recevant le paiement de ces marchandises, de donner les reçus de ses fournisseurs, pour prouver qu'il les a payés lui-même ;

2° Achat des grandes fournitures par le directeur et un ou deux membres délégués.

Ces fournitures ne seraient payées que tous les mois ou même tous les trois mois, suivant le mode indiqué par une décision de la société, sauf le cas où il serait avantageux de payer comptant ou de donner des à-compte. Le directeur paierait, dans ce cas, par un bon payable à vue sur la société, pour le plus prochain samedi. Ce bon, toutefois, ne devrait jamais excéder le cautionnement du directeur.

Pour prouver par un aperçu combien il y aurait de bénéfice sur chaque fourniture, énumérons-les dans l'ordre de leur importance, et voyons de quelle manière on se les procurerait :

1° *Bœuf*. Il est certain qu'avec ses plus fortes pratiques, un boucher a toujours de 10 à 12 p. 0/0 de bénéfice, et il a plus de frais que nous n'en aurions.

Nous pourrions déjà nous contenter de ce simple raisonnement, mais allons plus loin :

Le directeur serait tenu de choisir un homme de l'état, c'est-à-dire un véritable boucher, pour acheter à Poissy et à Sceaux, et ces achats seraient confrontés avec la mercuriale dans les séances de la société.

Toutes les fautes d'ignorance ou de mauvaise foi retomberaient sur le directeur, qui à son tour s'en prendrait à son subalterne. Nous nous apercevrions ainsi de la baisse aussitôt qu'il y en aurait une ; et s'il y avait une espèce de bœufs ou une sorte d'herbage que l'expérience nous eût fait reconnaître plus avantageuse que les autres, nous les adopterions de préférence. Les sociétaires désigneraient le samedi, en s'accordant mutuellement, les morceaux qui devraient leur être envoyés chaque jour, pour qu'il n'y eût pas de mécontentement. Les bas morceaux tout-à-fait seraient vendus à la halle ou dans un petit étal adjacent au magasin général. Un dépôt serait fait à la caisse des bouchers, pour que nos bœufs fussent payés comme ceux de la boucherie de Paris.

Je ne mets pas le bénéfice sur le bœuf à plus de 12 p. 0/0.

Veau. Nous en suivrions toutes les variations, et nous enverrions acheter soit à Nangis, soit partout ailleurs où nous les trouverions avantageusement ; libre à nous de les prendre toujours d'un certain âge, d'une certaine force, etc. Quatre mois de l'année nous aurions le veau à 45 et 50 centimes le demi-kilogramme, et le reste du temps à 50 et 55 centimes. Mettons en terme moyen 15 p. 0/0 de bénéfice.

Mouton. Il y a quatre mois dans l'année, savoir : octobre, novembre, décembre et janvier, où nous aurons le mouton à 40 centimes le demi-kilogramme, ce qui fait 33 p. 0/0 ; et les sept autres mois nous ne les paierions pas plus de 50 centimes, ce qui fait environ 16 p. 0/0. Nous aurons aussi la faculté de choisir les espèces les plus tendres et les moins osseuses.

Porc. Nous avons dit, dans l'hypothèse d'une ferme, que le porc ne nous reviendrait qu'à 35 centimes. Dans le cas contraire, 50 centimes serait le prix commun, et faisant nous-même par notre manutention les divers articles de charcuterie, il est clair que tout nous reviendrait à peu près au même prix : Bénéfice, 30 p. 0/0.

Volaille. Il est possible, avec un grand débit, de se procurer la volaille à un prix inférieur à celui de la viande de boucherie, ce qui nous donnerait un bénéfice au moins de 20 p. 0/0.

Pain. Nous en avons déjà parlé : 18 p. 0/0.

Bois, vin, légumes, etc. L'automne étant le moment propice pour les approvisionnements de plusieurs espèces, ce temps serait employé pour acheter en grand :

Le bois, que le directeur et les délégués achèteraient dans les ventes et choisiraient sur le lieu même où il aurait été coupé ;

2° Le vin, qui pourrait être acheté dans les pays vignobles et être livré, suivant nos besoins, dans notre magasin général;

3° Le charbon de bois, qui serait aussi acheté dans les forêts;

4° Les pommes de terre, qui seraient achetées chez le cultivateur.

5° Les denrées coloniales qui peuvent se conserver facilement.

Pour toutes ces substances, il y aurait moins 30 p. 0/0.

Après avoir épuisé tous les moyens que suggère l'économie domestique, il est bien entendu que l'administration serait passible en commun de toutes les avaries que pourraient subir les provisions, malgré les soins assidus qu'on apporterait à conserver, après qu'on se serait assuré qu'il n'y aurait pas de la faute des employés.

RÉSUMÉ.

Bœuf......................	12 p. 0/0	
Veau......................	15	
Mouton....................	33	
Idem....................	16	21 2/3 taux moyen.
Porc......................	30	
Volaille..................	20	
Pain......................	18	
Bois, vin, légumes, etc......	30	

Le terme moyen est de 21 2/3, mais j'abandonne 6 2/3 p. 0/0; d'abord parce que je ne veux pas forcer mes suppositions, ensuite parce que j'ignore dans quelle proportion se fera la consommation de chaque substance. Prenant donc seulement 15 p. 0/0 sur mes 967,500 fr., j'ai un bénéfice brut de 145,125 fr.

ARTICLE 6.
DU DIRECTEUR.

Le directeur aurait un cautionnement de 10,000 fr., et ses appointements seraient de 3 p. 0/0 sur les fournitures ordinaires qu'il achèterait lui seul, et de 2 p. 0/0 pour celles qu'il ferait plus en grand, et accompagné d'un ou de plusieurs délégués.

EMPLOYÉS.

1° Un garçon boucher aux appointements de.... 2,000 fr.

2° Un garçon charcutier *idem*.......... 2,000

3° Un garçon épicier *idem*.......... 2,000

4° Deux garçons de magasin, qui seraient aussi pourvoyeurs. 2,400

Outre les employés que nous avons désignés, il y aurait encore une cuisinière ou un cuisinier pour tous les employés............................ 300

Si le directeur avait des employés comme secrétaires, etc., il les aurait pour son compte.

Tous les employés que nous venons de spécifier avec leurs appointements, seraient aux frais de l'administration, mais soumis au directeur, qui pourrait les renvoyer et les remplacer à sa volonté, suivant le bien du service.

Les employés seraient payés tous les mois par le directeur, qui recevrait à cet effet une sorte de prêt du président. Chaque employé aurait un livret sur lequel seraient inscrits tous ses mois, à mesure qu'il les recevrait. Ce livret serait signé par lui ou par deux de ses camarades, à son choix, s'il ne savait pas écrire ; cette signature serait un reçu de ses honoraires.

Si un employé méritait d'être renvoyé sur-le-champ, le directeur pourrait toujours le faire, après lui avoir payé ses gages, avoir signé son livret et l'avoir envoyé faire signer par le président, pour que celui-ci pût prouver en séance que ce renvoi a été fait légalement.

Je mets la nourriture des employés de l'administration à............................... 5,000

A Reporter. 13,700

	Report.	13,700 fr.

La nourriture et l'entretien des chevaux, harnais et voitures.......................... 6,000

Le loyer................................. 4,000

Les impositions, etc...................... 1,000

Je suppose que le revenu brut du directeur soit de 2 1/2 p. 0/0 sur la somme énoncée (il aurait à supporter avec cela diverses charges), ce revenu serait de............................ 24,187 50

Frais imprévus........................... 9,000

Total des dépenses administratives...... 47,887 50

Dix pour cent qui revient à chaque sociétaire, suivant sa mise........................			1er	15,500
			2e	15,500
			3e	15,500
Taux moyen de 21 2/3, réduit à 15 p. 0/0 sur la mise de............ 967,500 fr. 00 c.			4e	11,250
15 »			5e	11,250
48,575,00 »			6e	11,250
967,500 »			7e	9,000
Bénéfice total......... 145,125 »			8e	4,500
Dépense présumée...... 154,657 50			9e	4,500
Il reste............ 10,487 »			10e	4,500
			Total	154,637 f. 50 c.

Pendant le temps des vacances, les employés seraient occupés à divers approvisionnements, qui seraient même conduits à domicile chez ceux qui le désireraient et qui auraient l'espace nécessaire pour les serrer.

ARTICLE 8.

COMPTABILITÉ.

Elle serait réglée par la société.

Outre les employés que nous venons de nommer, le directeur pourrait avoir un secrétaire, mais il le paierait.

J. A. HAREAU,

Maître de pension.

Melun. — Imprimerie de Desrues.

www.ingramcontent.com/pod-product-compliance
Lightning Source LLC
Chambersburg PA
CBHW060721280326
41933CB00013B/2514